HABILIDADES DE NEGOCIACIÓN PARA DIRECTIVOS

HABILIDADES DE NEGOCIACIÓN PARA DIRECTIVOS

Serie " Habilidades directivas para directivos "
Por: D.K. Hawkins
Versión 1.1 ~Septiembre 2021
Publicado por D.K. Hawkins en KDP
Copyright ©2021 por D.K. Hawkins. Todos los derechos reservados.

Ninguna parte de esta publicación puede ser reproducida, distribuida o transmitida en cualquier forma o por cualquier medio, incluyendo fotocopias, grabaciones u otros métodos electrónicos o mecánicos, o por cualquier sistema de almacenamiento o recuperación de información, sin el permiso previo por escrito de los editores, excepto en el caso de citas muy breves incorporadas en reseñas críticas y algunos otros usos no comerciales permitidos por la ley de derechos de autor.

Quedan reservados todos los derechos, incluido el de reproducción total o parcial en cualquier formato.

Toda la información contenida en este libro se ha investigado cuidadosamente y se ha comprobado su exactitud. Sin embargo, el autor y el editor no garantizan, expresa o implícitamente, que la información contenida en este libro sea apropiada para cada individuo, situación o propósito y no asumen ninguna responsabilidad por errores u omisiones.

El lector asume el riesgo y la plena responsabilidad de todas sus acciones. El autor no será responsable de ninguna pérdida o daño, ya sea consecuente, incidental, especial o de otro tipo, que pueda resultar de la información presentada en este libro.

Todas las imágenes son de uso gratuito o han sido adquiridas en sitios de fotografías de stock o libres de derechos para uso comercial. Para la elaboración de este libro me he basado en mis propias observaciones y en muchas fuentes diferentes, y he hecho todo lo posible por comprobar los hechos y dar el crédito que corresponde. Si se utiliza algún material sin la debida autorización, le ruego que se ponga en contacto conmigo para corregir el error.

La información proporcionada en este libro tiene únicamente fines informativos y no pretende ser una fuente de asesoramiento o análisis crediticio con respecto al material presentado. La información y/o los documentos contenidos en este libro no constituyen un asesoramiento legal o financiero y nunca deben utilizarse sin consultar primero con un profesional financiero para determinar qué puede ser lo mejor para sus necesidades individuales.

El editor y el autor no ofrecen ninguna garantía ni promesa sobre los resultados que puedan obtenerse al utilizar el contenido de este libro. Nunca debe tomar ninguna decisión de inversión sin consultar primero con su propio asesor financiero y realizar su propia investigación y diligencia debida. En la medida en que lo permita la ley, el editor y el autor declinan toda responsabilidad en caso de que la información, los comentarios, los análisis, las opiniones, los consejos y/o las recomendaciones contenidos en este libro resulten ser inexactos, incompletos o poco fiables, o den lugar a pérdidas de inversión o de otro tipo.

El contenido de este libro no pretende constituir ni constituye un asesoramiento jurídico o de inversión y no se establece ninguna relación abogado-cliente. El editor y el autor proporcionan este libro y su contenido "tal cual". El uso que usted haga de la información contenida en este libro es por su cuenta y riesgo.

ÍNDICE DE CONTENIDOS.

ÍNDICE DE CONTENIDOS. 3
INTRODUCCIÓN. 5
CAPÍTULO 1 9
    Cómo se define la negociación? 9
CAPÍTULO 2 14
    Las ventajas de una negociación eficaz para los directivos. 14
CAPÍTULO 3 21
    Condiciones para el éxito de las negociaciones. 21
CAPÍTULO 4 27
    Distintas formas de negociar. 27
CAPÍTULO 5 32
    Los principios del proceso de negociación. 32
CAPÍTULO 6 36
    Factores que influyen en una negociación eficaz. 36
CAPÍTULO 7 40
    Habilidades de comunicación eficaces para una negociación efectiva. 40
CAPÍTULO 8 44
    Formación en desarrollo de liderazgo y negociación. 44
CAPÍTULO 9 48

Habilidades de negociación importantes para afrontar negociaciones complejas. 48

CAPÍTULO 10 55

Pautas para desarrollar técnicas de negociación eficaces. .. 55

CAPÍTULO 11 62

Los mejores consejos de negociación para los directivos. ... 62

CONCLUSIÓN. 67

INTRODUCCIÓN.

Hay algunas habilidades que uno debe poseer para tener éxito en la vida. Estas habilidades pueden variar en función de tus objetivos. Hay ocasiones en la vida en las que te encontrarás en un puesto de dirección.

Se espera que tengas cierta visión y carácter como líder/director. Éstas, junto con otras características positivas de liderazgo, le ayudarán a crearse una reputación de líder respetable y con conocimientos.

Otro papel importante lo desempeñan los responsables de la negociación. Las personas que trabajan como negociadores deben tener un claro conocimiento de sus funciones y sus diferentes características. Las negociaciones se producen a menudo en los negocios. Por ejemplo, para que algunas conversaciones se desarrollen con éxito, hay que poseer las cualidades necesarias para complacer a todas las partes.

Algunas personas se preguntan si existe una conexión entre los conceptos de liderazgo y negociación. En resumen, existe una clara conexión entre ambos. No se puede negociar con eficacia si se carece de las capacidades de liderazgo necesarias.

No siempre es cierto que todos los líderes/directivos sean excelentes negociadores. Tampoco es cierto que los negociadores posean excelentes características de liderazgo. Lo que sí es cierto es que para tener éxito en cualquiera de las dos funciones y lograr los objetivos que se proponen, hay que poseer algunas características clave de un líder. Si te encuentras al mando de un grupo de personas, hay algunos atributos básicos de un líder que debes poseer.

La visión es una de las características más significativas que uno debe poseer. Es importante que entienda lo que desea. Es necesario que entiendas lo que deseas, pero también es importante que eduques a los demás. Si tienes el control de un equipo, tienes que comunicar tu visión o la del equipo al que perteneces.

Hay muchas formas de comunicar la visión de tu equipo. Debes utilizar tus palabras para crear una imagen. Declárala en voz alta, escríbela o incluso dibújala. Puedes crear esta imagen de cualquier manera que te funcione.

Considere la posibilidad de solicitar la opinión de los miembros del equipo sobre su percepción de la visión del equipo. Esto sirve para determinar la claridad con la que has comunicado tu objetivo general. Esto ayuda a garantizar que entienden sus intenciones, asegurando que todos están en la misma página.

La gran mayoría de las discusiones no terminan de la manera que las partes desean. La negociación puede ser un proceso largo y arduo, y en tales casos, ambas partes pueden desinteresarse y perder el deseo de continuar. Además, la falta de motivación de cualquiera de las personas puede provocar rápidamente un colapso, poniendo fin a cualquier posibilidad futura de acuerdo.

En ocasiones, un tercero puede arreglar un contrato con tus proveedores o clientes más rápidamente que tú, y dado que "no tiene sentido llorar sobre la leche derramada", ¿por qué querrías que eso ocurriera?

La negociación no es algo que deba evitarse, pero debe ser el último recurso cuando esté claro que el proceso no será efectivo. Por ejemplo, si las negociaciones anteriores con uno de sus proveedores o clientes no dieron un resultado satisfactorio, deje de negociar e intente algo diferente.

Si tuviera la oportunidad de convertir sistemáticamente sus oportunidades de negociación en escenarios de "obtener más", y así mantenerse a la cabeza del juego, ¿no aprovecharía la oportunidad?

Continúe leyendo para aprender muchas técnicas carismáticas eficaces para elevar drásticamente el listón a su favor.

CAPÍTULO 1

¿Cómo se define la negociación?

La negociación es un proceso social interactivo en el que los individuos se comprometen con otra u otras partes para establecer un acuerdo en su nombre. La negociación se utiliza principalmente para garantizar que se cumplan las expectativas de los demás. Es un método de comunicación utilizado para llegar a un acuerdo cuando dos o más partes tienen intereses similares y otros opuestos.

Según el Shorter Oxford Dictionary, 1977- Negociación: Conferir con otro para resolver amistosamente algunas dificultades; debatir un asunto para llegar a un acuerdo o compromiso.

Como Ginny Pearsom Bames define la negociación como el proceso de resolver un problema dando y recibiendo en el contexto de una relación específica. Comprende el intercambio de ideas y hechos y el esfuerzo por establecer un acuerdo mutuamente aceptable.

En Estados Unidos, la Universidad de Pepperdine ha propuesto la siguiente explicación para el término "negociación": Una negociación es un método de comunicación utilizado para cerrar acuerdos y resolver disputas.

Es un proceso voluntario y no vinculante en el que las partes mantienen el control tanto del resultado del acuerdo como de los procedimientos utilizados para alcanzarlo. Debido a que la mayoría de las partes ponen límites estrechos al proceso de negociación, éste ofrece un abanico variado de opciones posibles, lo que aumenta la probabilidad de beneficio conjunto.

Según la definición de Williams en Legal and Settlement 1983, la negociación es un proceso recurrente que suele mostrar patrones predecibles a lo largo del tiempo. Sin embargo, en los conflictos legales, el enfoque y la energía del abogado se desvían tanto por el procedimiento previo al juicio y la estrategia del mismo que no logran captar los importantes patrones y dinámicas identificables del proceso de negociación.

M Anstey resume los componentes fundamentales de la negociación de la siguiente manera:

1. Un procedimiento verbal interactivo
2. Con la participación de dos o más partes
3. Buscando un acuerdo
4. Por un desacuerdo o conflicto de intereses entre ellos
5. Se esfuerzan por preservar sus respectivos intereses al tiempo que ajustan sus ideas y posiciones en el esfuerzo conjunto por alcanzar un acuerdo.

La negociación, en términos generales, es una interacción de influencias. Estas interacciones pueden adoptar la forma de resolver desacuerdos, acordar cursos de acción, negociar por intereses individuales o de grupo, o construir soluciones que satisfagan múltiples intereses. Así pues, la negociación es un método alternativo de resolución de conflictos (ADR).

Características de la negociación:

La negociación es un proceso en el que intervienen más de dos partes que requieren (o creen requerir) el compromiso de la otra para alcanzar la conclusión deseada. Las partes comparten un interés común.

1) Las partes comienzan con perspectivas u objetivos divergentes. Estas diferencias son las que impiden el acuerdo.

2) Las partes están dispuestas a colaborar y comunicarse para lograr sus objetivos.

3) Al influirse mutuamente, las partes pueden beneficiarse mutuamente o evitar el daño.

4) Las partes reconocen que cualquier otro curso de acción no logrará el resultado deseado.

5) Las partes creen que la negociación es el mejor método (o al menos uno de los posibles) para resolver sus conflictos.

6) También creen que pueden persuadir a la otra parte para que modifique su posición inicial.

7) Aunque no obtengan el resultado deseado, ambos mantienen el optimismo por un resultado satisfactorio.

8) Cada una de ellas tiene cierta influencia real o percibida sobre el comportamiento de la otra. Si una de las partes no tiene poder, la otra parte considerará inútil la negociación.

9) El proceso de negociación en sí mismo implica una interacción interpersonal. Este encuentro puede producirse en persona, por teléfono, por carta o por cualquier combinación de estos medios; sin embargo, las emociones y las actitudes siempre jugarán un papel importante porque se trata de algo personal.

CAPÍTULO 2

Las ventajas de una negociación eficaz para los directivos.

Supongamos que está interesado en los beneficios de una excelente capacidad de negociación. En ese caso, probablemente sea usted un directivo que busca potenciar sus talentos, un individuo tímido cansado de estar en la parte inferior de la cadena alimentaria o el tipo de persona que disfruta aprendiendo cosas nuevas.

Pocas personas reconocen que negociar es algo prácticamente cotidiano; lo único que distingue la negociación de "hacer un trato" es la importancia que perciben las partes afectadas.

¿Qué son las habilidades de negociación efectivas?

Abordaremos este tema con más seriedad que la negociación. "Puedes salir el viernes por la noche si cortas el césped".

Un negociador competente debe ser inteligente; esto no implica necesariamente que tenga un coeficiente intelectual comparable al de Einstein; lo contrario es cierto en ciertas circunstancias. Una persona debe ser lo suficientemente inteligente como para ver que, o bien es un ignorante del tema, lo cual no es nada de lo que avergonzarse, o bien su oponente lo empequeñece todo, excepto a los tontos.

Uno debe estar dispuesto a investigar y ejercer la debida diligencia para entender el tema a fondo y tener la capacidad de comprender y discutir las propuestas del oponente con inteligencia. Para ser un negociador eficaz, hay que aprender las emociones y el comportamiento humanos y discernir lo que experimenta el oponente, cuándo y por qué.

Las negociaciones, en teoría, deberían ser siempre sin emociones; siempre debería prevalecer el enfoque de "no tomarlo como algo personal". Sin embargo, quién está negociando; los humanos y las humanas. Ambos tienen emociones, que algunos saben controlar u ocultar mejor que otros, pero que todos experimentan.

Al evaluar a su oponente, algo que un negociador hábil haría de antemano para obtener respuestas a preguntas o escenarios específicos, puede ponerse en el lugar de su oponente, lo que puede proporcionarle una visión de sus motivaciones y de cómo manejarlas.

Un gran negociador conservará una reputación honesta y justa, lo que no implica debilidad. Muchas personas inexpertas o arrogantes colocadas en la posición de negociar un asunto o un contrato mantendrán una posición inflexible de querer todo a su manera, desde todas sus exigencias hasta la temperatura fijada en el aire acondicionado, lo que sólo sirve para crear una atmósfera adversa y de confrontación.

Las simples preocupaciones se convertirán poco a poco en tremendos obstáculos. Se convertirá rápidamente en una situación de "cojo mi pelota y me voy a casa", en la que cada uno se atrinchera y se niega a ceder.

El gran negociador entiende que para llegar a un acuerdo con el que ambas partes puedan vivir, debe ofrecer finalmente una situación en la que todos salgan ganando y hacer todo lo posible para evitar crear una atmósfera combativa.

Anteriormente participé en una serie de negociaciones contractuales que habían llegado a un punto muerto. Las normas básicas estipulaban que cualquier solicitud de receso debía hacerse de forma alterna; en otras palabras, una vez concedido un receso, la corporación no podía solicitar otro hasta que el sindicato hubiera utilizado uno.

Me sorprendió que el negociador jefe del sindicato pidiera abruptamente un receso y nos sentáramos en la mesa sin hacer nada. Cuando el director de recursos humanos de la empresa volvió a entrar en la sala, el portavoz sindical preguntó por su bienestar. "Bien", respondió el portavoz sindical, "he visto que no se encontraba bien, así que he pedido un receso". El señor pareció asombrado y asintió con la cabeza.

"He comido fatal", dijo el hombre. A partir de ese momento, gracias a que uno de los negociadores priorizó el bienestar del otro sobre la importancia de las negociaciones del contrato, el estancamiento se rompió y las negociaciones se resolvieron rápidamente.

En el sector comercial, tener habilidades de negociación eficaces puede significar la diferencia entre el éxito y el fracaso. Aquellos que son hábiles en la negociación suelen llegar a la cima de sus respectivas industrias.

Al mismo tiempo, las personas que no saben negociar prefieren quedarse donde están o retroceder. Si aspira a tener éxito en el sector, debe dar prioridad a perfeccionar sus habilidades de negociación.

Considere los siguientes puntos relativos a la importancia de las habilidades de negociación eficaces para el éxito de su organización como directivo.

Una de las principales ventajas de tener habilidades de negociación eficaces es la capacidad de ahorrar dinero. Si representa a su empresa o negocia en su nombre, puede regatear para conseguir un precio más bajo al comprar algo.

Al realizar compras importantes, debe ser capaz de negociar un trato más bajo con el vendedor. Si acepta el precio que le ofrecen, es muy probable que se aprovechen de usted. Aprender a negociar le permitirá ahorrar importantes cantidades de dinero con el tiempo.

Otra ventaja importante de adquirir una gran capacidad de negociación es que aumentará los ingresos de su organización. Si quiere vender un producto o conseguir un contrato, debe ser capaz de negociar. Esto le permitirá obtener un precio de venta más alto y aumentar sus márgenes de beneficio.

Además de convertirse en un negociador más hábil, desarrollará otras características relacionadas con los negocios. Muchas de las habilidades de negociación que desarrolle se trasladarán a otros aspectos de su organización.

Por ejemplo, el desarrollo de grandes habilidades de negociación le enseña a ser un oyente eficaz. Para negociar bien, hay que escuchar a la otra parte y determinar lo que quiere. Esta capacidad resultará muy útil en otros ámbitos de la empresa.

Debe escuchar a su personal para conocer sus motivaciones. Al tratar con los clientes, debe escuchar sus necesidades para encontrar un producto o servicio que satisfaga sus demandas.

Cuando se trata del éxito de la empresa, adquirir una fuerte capacidad de negociación debe ser una preocupación fundamental. Es, con mucho, el talento más importante que puede desarrollar un empresario. Puede transportarle sin esfuerzo desde su ubicación actual hasta su destino deseado.

CAPÍTULO 3

Condiciones para el éxito de las negociaciones.

Muchas variables influyen en el éxito o el fracaso de las negociaciones. Las siguientes condiciones aumentan la probabilidad de éxito en las negociaciones:

Fiestas:

Partes identificadas y dispuestas a participar: Para que las negociaciones sean fructíferas, las personas u organizaciones con interés en el resultado deben ser identificables y estar dispuestas a sentarse a la mesa de negociación. Supongamos que un socio importante falta o no está dispuesto a negociar de buena fe, y la probabilidad de llegar a un acuerdo disminuye.

Interdependencia:

Interdependencia: Para que se produzcan conversaciones significativas, los jugadores deben depender unos de otros para satisfacer sus necesidades o intereses. Para satisfacer sus intereses, los jugadores necesitan el apoyo del otro o la inhibición de un comportamiento negativo. Si una de las partes puede satisfacer sus demandas sin la participación de la otra, habrá pocos incentivos para negociar.

Gente:

Las personas deben estar dispuestas a comprometerse para que se inicie la comunicación. Cuando los participantes no están psicológicamente preparados para hablar con la otra parte, cuando no se dispone de suficiente información o no se ha establecido un plan de negociación, los actores pueden dudar en iniciar el proceso.

Influencia o apalancamiento:

Influencia o apalancamiento: Para que los individuos lleguen a un acuerdo sobre temas conflictivos, deben poseer algunos métodos para influir en las actitudes y/o acciones de otros negociadores. A menudo, la influencia se equipara con la capacidad de amenazar o infligir dolor o consecuencias no deseadas, aunque éste es un método para persuadir a alguien de que cambie.

Plantear preguntas provocadoras, ofrecer la información necesaria, solicitar el asesoramiento de expertos, apelar a los asociados destacados de una parte, ejercer una autoridad legítima o proporcionar recompensas son formas de ejercer influencia durante las conversaciones.

Acuerdo sobre algunos intereses y cuestiones: Para que las conversaciones avancen, las partes deben estar de acuerdo en los intereses y cuestiones compartidas. En general, los participantes compartirán algunas preocupaciones e intereses y tendrán otros exclusivos de una de las partes.

El número y la importancia de las preocupaciones e intereses comunes influyen en que las conversaciones se produzcan y concluyan con un acuerdo. Las partes deben compartir un número suficiente de cuestiones e intereses para comprometerse en un proceso de toma de decisiones en colaboración.

Los participantes deben tener el deseo de llegar a un acuerdo para que las conversaciones funcionen. Si resolver un desacuerdo es más importante que resolverlo, las conversaciones fracasarán. A menudo, las partes desean prolongar los conflictos para conservar una relación (incluso una negativa puede ser preferible a no tener ninguna relación), organizar la opinión pública o el apoyo a su favor, o dar sentido a sus vidas a través de la relación conflictiva. Estas variables contribuyen a la continuación de la división y van en contra de la resolución.

La imprevisibilidad del resultado: Los individuos negocian para obtener algo de otro. Además, negocian porque las consecuencias de no negociar son imprevisibles.

Por ejemplo, si una persona cree que al ir a los tribunales tendrá un 50% de posibilidades de ganar, puede optar por negociar en lugar de arriesgarse a perder por una decisión judicial.

La negociación es más predecible que los tribunales porque una buena negociación hace que una parte gane algo. Para que las partes entren en una negociación, las posibilidades de una victoria decisiva y unilateral deben ser imprevisibles.

Un sentido de urgencia y un plazo: Las negociaciones suelen tener lugar cuando hay una sensación de urgencia o cuando hay que tomar una decisión rápidamente. Las limitaciones de tiempo externas o internas y los potenciales efectos negativos o positivos de una decisión de negociación pueden inducir la urgencia.

Las limitaciones externas pueden ser las fechas de los tribunales, las sentencias ejecutivas o administrativas inminentes o los cambios previstos en el entorno exterior. Un negociador puede imponer limitaciones internas para aumentar la motivación de otro para llegar a un acuerdo.

Para tener éxito en las negociaciones, los participantes deben tener un sentido de urgencia y ser conscientes de que pueden enfrentarse a graves consecuencias o a la pérdida de beneficios si no se llega a una conclusión a tiempo.

No existen impedimentos psicológicos significativos para llegar a un acuerdo: Los fuertes sentimientos hacia la otra parte, ya sean expresados o no, pueden afectar significativamente a la preparación psicológica de una persona para negociar. Los obstáculos psicológicos al acuerdo deben superarse para que las conversaciones tengan éxito.

Cuestiones negociables: Para llevar a cabo una negociación con éxito, los negociadores deben pensar que se pueden alcanzar posibilidades de acuerdo aceptables gracias a su participación en el proceso. Si parece que las discusiones sólo darán lugar a un resultado de ganar/perder y que las necesidades de una de las partes no se verán satisfechas debido a su participación, las partes pueden ser reacias a entablar una comunicación.

CAPÍTULO 4

Distintas formas de negociar.

La forma de negociar también es una estrategia. Hay muchos estilos de negociación. En ocasiones, el estilo representa la actitud de la parte, y un negociador experimentado puede prever el resultado basándose en el comportamiento de la parte que revela el estilo.

El estilo de negociación está representado en la capacidad de comunicación de los negociadores, la conducta interpersonal, el lenguaje, el tono de voz, las elecciones, la capacidad de escuchar, los gestos no verbales y el juicio. En general, existen tres formas distintas de estilos de negociación. A continuación se describen brevemente:

- Enfoque colaborativo:

Los métodos típicos empleados en este estilo de negociación incluyen hacer concesiones, proporcionar información y adoptar una conducta justa y aceptable. Así, un negociador cooperativo suele explicar sus concesiones e ideas e intenta conciliar los intereses opuestos de las partes; sus propuestas se evalúan en función de normas en las que ambas partes pueden estar de acuerdo, como los méritos jurídicos del caso y la equidad de las partes.

La ventaja de un estilo de negociación cooperativa es que da lugar a menos interrupciones en la negociación y al posterior recurso al litigio y a resultados más ventajosos para ambas partes. Esto hace que tanto los clientes como los negociadores vuelvan a estar en condiciones de "hacer negocios".

Sin embargo, el modo cooperativo es susceptible de problemas de funcionamiento cuando las partes de la negociación son desiguales en dinero o poder o cuando una de las partes se niega a negociar para obtener un beneficio conjunto o mutuo.

- Actitud del competidor:

Así, el negociador competitivo hace concesiones vacilantes para evitar "debilitar su posición" mediante la pérdida de posición o de imagen. Suele plantear unas primeras exigencias poco razonables, hace pocas concesiones y, por lo general, tiene un alto nivel de aspiración hacia su cliente.

Se suele afirmar que este estilo lleva a los profesionales a adoptar estrategias de negociación específicas. Estas estrategias pueden ser no hacer nunca la oferta inicial, intentar siempre ocultar los verdaderos objetivos del cliente, ser siempre el que redacta la oferta final, el uso de la exageración, la amenaza y el farol para infundir altos niveles de tensión y presión en el oponente.

Cuando se utilizan correctamente, estas estrategias hacen que la parte contraria pierda la confianza en su argumento y disminuya sus expectativas de resultado para su cliente. Por lo tanto, es una estrategia puramente manipuladora para intimidar a la parte contraria para que adopte las exigencias del negociador.

- Enfoque de la resolución de problemas:

Un enfoque de solución de problemas para un desacuerdo sobre el derecho de visita puede basarse en la idea de que, si bien ambos progenitores desean tener acceso a sus hijos durante una parte del día, ninguno de ellos desea tenerlo durante todo el tiempo. Sobre esta base, se puede acordar una solución beneficiosa para todas las partes (incluidos los hijos).

Así, la técnica de resolución de problemas comienza con el intento de ambos negociadores de descubrir las necesidades subyacentes de sus clientes.

La mejor manera de lograrlo es mediante entrevistas con el cliente en las que el abogado discute con él cómo desea resolver el conflicto en los aspectos social, económico, ético y psicológico. Centrarse en las necesidades reales de los clientes da lugar a soluciones más complejas que las que surgen de la negociación competitiva.

Fisher y Ury identifican cuatro enfoques fundamentales en el proceso de negociación para la resolución de problemas. Son los siguientes:

1. Distinguir a las personas de los problemas; en otras palabras, desligar la interacción interpersonal entre los negociadores y sus clientes de los méritos del problema o desacuerdo.

2. Poner los intereses de los clientes en primer lugar; es decir, evaluar los intereses de los clientes para que se comprendan bien las razones, los objetivos y los valores de cada parte.

3. Generar diferentes posibilidades; por ejemplo, realizar una sesión de brainstorming para generar nuevas ideas que aborden las preocupaciones de las partes.

4. Insistir en un criterio objetivo para la conclusión de la negociación; es decir, evaluar los resultados sugeridos en función de normas fácilmente determinables basadas en criterios objetivos.

CAPÍTULO 5

Los principios del proceso de negociación.

Es crucial reconocer que el proceso de negociación sigue algunas estructuras fundamentales. Estas estructuras mejoran la competencia y el talento del negociador y crean un entorno próspero que favorece la negociación productiva. El sistema más fundamental es el siguiente:

Agenda de trabajo:

A menos que se haya acordado un calendario de antemano, acordará con el abogado de la parte contraria los detalles prácticos de cómo se llevará a cabo la negociación, la agenda de las conversaciones y cómo se grabarán los debates.

Representación exacta de los hechos:

Un primer paso factible es que usted o su oponente identifiquen y lleguen a un acuerdo sobre los hechos relevantes disponibles en el litigio y la legislación aplicable. A esto podría seguirle la identificación y el acuerdo sobre cualquier información que falte o sea contradictoria, o sobre las discrepancias en la documentación. En este punto, podría intentar resolver el desacuerdo realizando una investigación adicional y escuchando e interrogando a la parte del pedido.

Evaluación y reposicionamiento:

A continuación, evaluará las diferentes soluciones a la luz de los intereses mutuos de ambas partes (técnica de resolución de problemas en colaboración), o hará contrapropuestas contundentes al punto de vista de su adversario (estilo competitivo)

Eliminarás las propuestas inviables (estilo de resolución de problemas en colaboración) o emplearás una serie de estrategias de negociación para reforzar tu posición y socavar la de tu adversario (estilo de confrontación)

Desarrollarás nuevas propuestas (utilizando un enfoque de colaboración para la resolución de problemas) o descubrirás compensaciones y concesiones (estilo competitivo)

Considerará la posibilidad de poner fin a la negociación si las concesiones son inaceptables para ambas partes (técnica de resolución de problemas cooperativa) o si las concesiones son aceptables para una parte pero no para la otra (estilo competitivo)

Debes diseñar una estrategia para concluir la negociación. En este punto, tienes las siguientes opciones - Aplazar la negociación para obtener información e instrucciones adicionales de su cliente - Aplazar la negociación para comunicar a su cliente una oferta final de la otra parte y solicitar sus instrucciones

Llegar a un acuerdo formal con la autorización de su cliente

Si la conclusión es favorable y se llega a un acuerdo, debe comparar su entendimiento del acuerdo con el de su oponente para asegurarse de que están en la misma página. A continuación, debe decidir cómo será legalmente ejecutable el acuerdo (si es que lo es) y quién preparará los términos de cualquier acuerdo escrito.

Revise:

A lo largo de todo el procedimiento descrito anteriormente, es beneficioso que los abogados evalúen periódicamente el estado de las conversaciones. Esto se sugiere principalmente si parece que se ha llegado a un punto muerto o si hay un silencio incómodo.

Una revisión permite a cada parte evaluar su objetivo inicial basándose en lo que se ha logrado hasta el momento y elegir cómo debe proceder la negociación. Esto puede dar lugar a que uno o ambos negociadores expresen un punto de vista revisado o más inventivo como posible solución al problema.

CAPÍTULO 6

Factores que influyen en una negociación eficaz.

Muchos factores de influencia o aspectos de la negociación son necesarios y desempeñan un papel esencial en una negociación eficaz. A continuación se describen brevemente:

Mediador: Son muchos los elementos que influyen en el proceso de negociación. El primero de estos factores es el talento y la aptitud del negociador y su carácter y credibilidad. Otra habilidad importante en la negociación es la capacidad del negociador para mantener el control del proceso.

Un negociador debe supervisar el progreso del proceso de negociación y hacer repetidos intentos de tender puentes entre las partes. Debe esforzarse por inculcar una actitud favorable al acuerdo.

El control de todo el proceso de negociación requiere un alto nivel de pericia y experiencia, que puede lograrse observando de cerca los métodos de otras partes, los conocimientos previos y estudiando las mejores técnicas de negociación del mundo contemporáneo.

Fiestas:

Las partes influyen considerablemente en el proceso de negociación. El proceso está determinado por las partes, sus intereses y sus reacciones y respuestas. Cuando las partes de un conflicto llegan a la mesa de negociación, cada una aporta su mentalidad.

Selección de equipos:

El equipo de negociación debe seleccionarse en función de los hechos y las circunstancias, de modo que cada miembro contribuya a la consecución del objetivo mediante una labor productiva.

Lugar de la negociación:

Lugar de la negociación: En ocasiones, el lugar de la negociación es importante. En comparación con un entorno familiar, los escenarios desconocidos pueden inducir estrés a la parte contraria.

Disposición de las habitaciones:

Hasta cierto punto, la disposición de la sala afecta a la forma en que se desarrolla la negociación. En un mundo ideal, la disposición vendría determinada por las circunstancias en las que actúan las partes.

Por ejemplo, si la discusión es sobre un tema laboral, los negociadores deben asegurarse de que la distancia entre las partes no sea excesiva. La elección de los asientos debe promover un ambiente tranquilo. La disposición debe reflejar los puntos de vista y las percepciones de las partes y los problemas que se discuten a lo largo de la negociación.

Psicología de la negociación:

Psicología de la negociación: La psicología de los negociadores y de las partes es importante para el proceso de negociación. Los individuos que participan en el proceso aportan diferentes actitudes, enfoques y acciones a la mesa.

La "Teoría de la Jerarquía de las Necesidades" de Maslows afirma que sus necesidades influyen en el comportamiento de las personas. Clasifica las necesidades humanas en cinco categorías: necesidades físicas y de supervivencia, necesidades de seguridad y protección, necesidades sociales, necesidades del ego y necesidades de autorrealización.

CAPÍTULO 7

Habilidades de comunicación eficaces para una negociación efectiva.

Una negociación eficaz requiere una comunicación eficaz. La comunicación requiere tres habilidades importantes: hablar, escuchar y comprender. No se puede tener un talento que funcione correctamente sin los otros.

Por ejemplo, no se puede tener una gran comprensión sin una buena capacidad auditiva y oral. La negociación es más eficaz cuando los participantes pueden articular y explicar sus puntos de desacuerdo y malentendidos.

Hablar:

La negociación comienza con una descripción breve e inequívoca de la cuestión desde la perspectiva de cada parte. Los hechos y las emociones se presentan de forma racional desde el punto de vista del individuo, utilizando declaraciones "yo".

Si se utilizan comentarios como "Me enfado mucho cuando tú" en lugar de otros más conflictivos como "Me enfadas cuando tú", que culpan a la otra persona y la ponen a la defensiva, la comunicación entre las personas será más fluida. Las preocupaciones compartidas, en lugar de los problemas individuales, siguen siendo el punto central de la conversación durante todo el proceso de negociación.

El proceso de negociación será más productivo si los participantes se toman el tiempo necesario para reflexionar sobre sus respuestas: programe las reuniones con antelación para asegurarse de que todo el mundo tiene una hora y un lugar convenientes. Un lugar neutral y tranquilo, con pocas distracciones o interrupciones, es ideal para una comunicación sincera.

Escuchar es un procedimiento activo que implica centrar toda la atención en la otra persona. Animar a la otra persona a compartir sus pensamientos y sentimientos, hacer comentarios sobre lo escuchado y mantener el contacto visual son habilidades que demuestran tu interés por comprender lo que tiene que decir.

Siempre es beneficioso preguntar: "¿Te he entendido bien?" o "¿Te he oído bien que te sientas así?". La escucha activa demuestra que la otra persona es escuchada, acogida y valorada. La escucha activa permite una negociación abierta y continua.

Pensar en el futuro o anticipar el resultado de la discusión son distracciones que perjudican la escucha. Una atención y una capacidad de escucha inadecuadas pueden dar lugar a conceptos erróneos, soluciones ineficaces y conflictos continuos.

Antes de que dos partes busquen respuestas, debe formarse un entendimiento común. Si dos personas no comprenden las dificultades y preocupaciones de la otra, el proceso de negociación se romperá o las soluciones serán ineficaces. La escucha activa favorece la comprensión. Es esencial prestar mucha atención tanto a lo que alguien dice como a su comportamiento.

El lenguaje corporal, que incluye las expresiones faciales, los gestos con las manos y la intensidad del contacto visual, puede transmitir información sobre los pensamientos y sentimientos de otra persona. Sin embargo, las observaciones están conformadas por igual por el observador y el observado.

Es un buen hábito no dar nunca por sentado que otra persona te entiende sin preguntar primero: "¿Te he oído bien?" o "Me he fijado en tu aspecto" o "Te noto estresado". "¿Quieres hablar de esto?" y "Me gustaría saber cómo te sientes". " son todos excelentes ejemplos de comentarios que promueven el diálogo y la comprensión mutua.

CAPÍTULO 8

Formación en desarrollo de liderazgo y negociación.

La negociación es un componente importante de la gestión y el liderazgo. Puede ser necesaria en diferentes escenarios durante su carrera de gestión. Por ello, es esencial conocer a fondo la negociación y llevarla a cabo con éxito.

Muchos cursos de desarrollo del liderazgo y de la gestión muestran cómo maniobrar y negociar con otras partes. Es vital aprender habilidades de negociación si desea ser un buen gestor y líder. Estas habilidades le ayudarán a comunicarse con sus colegas y otros expertos.

Al iniciar el proceso de negociación, el primer paso es determinar la posible duración de la relación. Determina cuánto tiempo piensas mantener el contacto con la persona con la que vas a negociar.

Ya sea a largo plazo, a corto plazo o en un punto intermedio, la forma de abordar el proceso de negociación dependerá de su perspectiva. La siguiente etapa consiste en examinar cuántas opciones y preocupaciones tiene cada parte.

Debe identificar qué preocupaciones están abiertas al debate, cuántas resoluciones posibles existen y cuántas opciones son accesibles en función de la situación actual. Los cursos de formación para el desarrollo del liderazgo y la gestión son excelentes formas de adquirir las habilidades necesarias para gestionar estas circunstancias, a menudo difíciles.

Cada situación de negociación es única. Algunas situaciones pueden exigirle que tenga en cuenta las necesidades y los deseos de los demás. En algunos casos, puede ser necesaria la intervención de un tercero en el proceso de negociación.

A menudo, una circunstancia exigirá que el tercero sea visible (por ejemplo, cuando se negocia en nombre de otras partes). En ocasiones, el tercero no tendrá que ser visible. A este tercero se le suele llamar mediador.

Los expertos en liderazgo consideran que las negociaciones son un método excelente para resolver desacuerdos, unir a las personas y abordar los problemas. Además, los expertos afirman que las habilidades de negociación son esenciales en toda función de dirección o supervisión. Esto es cierto para todo tipo de recursos humanos de las organizaciones.

Las personas que ocupan puestos de liderazgo deben poseer esta capacidad, ya que la colaboración de todas las partes interesadas es importante para lograr objetivos importantes y organizarlos. Completar la formación para el desarrollo de la gestión es un enfoque para ayudar a los futuros gestores y líderes a establecer este talento.

Otro componente importante de la gestión de la negociación es que puede utilizarse eficazmente como herramienta de gestión en el lugar de trabajo para agilizar la realización de tareas.

Esto funciona porque la negociación da a los empleados un sentido de propiedad sobre el proceso en lugar de limitarse a que se les diga lo que tienen que hacer. Cuando se plantean preguntas a los empleados y se les permite hacer las suyas, el trabajo diario se hace más fácil porque entienden (a través de la negociación) que hay algo en ello.

Según los expertos en formación para el desarrollo del liderazgo y la gestión, la negociación es una importante técnica de gestión que da lugar a un lugar de trabajo más productivo.

Si entiende cómo emplear este instrumento adecuadamente, puede asegurar su carrera y su éxito futuro. Desarrollar la capacidad de negociación requiere tiempo y práctica, y es un talento que requiere una atención continua para mantener la competencia.

CAPÍTULO 9

Habilidades de negociación importantes para afrontar negociaciones complejas.

Como directivo, ¿alguna vez se ha visto incapaz de dar sentido a todas las cuestiones e intereses de las distintas partes que participan en una negociación?

Es algo que ocurre con frecuencia. Se ha escrito mucho sobre la negociación en situaciones complejas. Lamentablemente, la mayoría tiene un alcance amplio y no aborda las necesidades de los negociadores empresariales.

La negociación entre empresas puede ser un área muy compleja. Sin una herramienta de navegación que le ayude a sortear esta complejidad, se arriesga a perder oportunidades y a pagar un alto precio para usted y su organización.

La clave para extraer el máximo valor de sus complejas condiciones de negociación es identificar y comprender los intereses de todas las partes afectadas o implicadas en la discusión.

En algunos casos, puede resultarle sencillo comprender las perspectivas e intereses de los participantes en una discusión. Sin embargo, en la mayoría de los casos, es un reto definir los intereses de las partes interesadas; también es un reto identificar a todas las partes interesadas.

¿Cuáles son, pues, las estrategias y competencias más importantes para resolver con éxito negociaciones complicadas en las que intervienen varias partes?

1. Identificar a todas las partes interesadas en la negociación.

Esto puede parecer evidente, pero puede ser un reto identificar y seguir a todas las partes durante una discusión. Como mínimo, en un entorno empresarial, debe intentar identificar a las siguientes partes interesadas:

a. Los actores financieros

Dependiendo de las condiciones financieras presentadas, estas personas o grupos financiarán, suscribirán o prestarán autoridad para finalizar un acuerdo. Hay que identificar a todos los posibles interesados en las partes financieras de la discusión.

b. Partes interesadas que representan el uso y/o el consumidor.

Son las personas u organizaciones que aplicarán y apoyarán el resultado del acuerdo. Suelen ser las partes que tendrán que vivir y trabajar con el resultado de las discusiones a diario.

c. Partes interesadas en los frentes tecnológico y jurídico

Estas personas o grupos firmarán y aprobarán los aspectos técnicos y contractuales de las negociaciones.

d. Guías/Gurús y otras figuras influyentes

Son las personas o grupos que ejercen una influencia significativa sobre los responsables de la negociación.

2. Identificar los intereses negociadores de cada parte.

Existen esencialmente dos enfoques para determinar el interés negociador de un individuo o grupo en una negociación. La primera técnica consiste en ponerse en el lugar de ese individuo o grupo e intentar ver las cosas desde su perspectiva.

¿Qué otra información necesitaría?

¿Qué precedentes serían aplicables?

¿Qué hipótesis es posible formular y poner a prueba?

El segundo método consiste en plantear una serie de preguntas al individuo o grupo para ayudarle (y ayudarles) a identificar sus intereses principales. La pregunta más importante es "¿Por qué?"

"¿Por qué estás tan involucrado en esta negociación?

¿Por qué asume este papel?

¿Por qué se está considerando esta posibilidad?"

3. Desarrolle un marco adecuado para cada parte interesada.

Una vez identificados los intereses de las partes interesadas, hay que diseñar un marco adecuado. Los individuos toman decisiones por diferentes motivos. No es conveniente recalcar los mismos temas a todas las partes interesadas para facilitar la toma de decisiones. Su objetivo principal debe ser comunicar el marco más relevante a cada parte interesada o potencial.

El marco que establezcas para la parte interesada puede influir significativamente en una decisión o parte de ella.

4. Establecer un sistema eficaz de gestión de la negociación

Es necesario tener en cuenta cómo va a gestionar las diversas partes interesadas en la negociación. En los tratos complicados, necesitarás diferentes materiales para ayudar en las negociaciones. Es vital definir una función clara para cada miembro y crear un entorno en el que pueda enviar un mensaje coherente a sus contrapartes.

Si tus contrapartes te ven a ti y a tu equipo como razonables, la probabilidad de que te respondan racionalmente aumenta considerablemente.

Sólo podrá presentar un "frente" cohesionado y coherente si ha evaluado las funciones y responsabilidades de su equipo de negociación.

Divida el foco de atención del equipo entre los responsables de la gestión de las relaciones y los responsables o encargados de las tareas. Recuerde que debe elaborar un calendario que tenga en cuenta los intereses de todos los posibles interesados.

La estructura es una técnica eficaz para simplificar las negociaciones complejas.

Debes concentrarte en los factores del proceso para avanzar en cada etapa de la negociación. Descubrirás que la complejidad puede gestionarse más fácilmente cuando se utiliza una estructura de apoyo adecuada.

CAPÍTULO 10

Pautas para desarrollar técnicas de negociación eficaces.

Nunca participe en ningún trato o negociación en un estado de ánimo desesperado. Cuando demuestras tu desesperación, te privas de una ventaja en la negociación. Tu apetito y tu deseo percibido restarán valor a la transacción.

Aparte de eso, da un paso atrás, recoge tus pensamientos y vuelve a programar las reuniones. A menudo, asignamos valor a los productos en función de nuestras necesidades. Nadie desea gastar más del valor real del producto o servicio.

Como gestores, hemos infravalorado el valor de una negociación eficaz, lo que ha supuesto una pérdida de tiempo, valor y recursos. Mientras que podríamos haber cosechado millones, nos conformamos con unos pocos miles de dólares, que pueden cubrir algunas facturas y poner en marcha una economía.

La cuestión es si calculamos, planificamos y preparamos suficientemente las discusiones, las gangas o los acuerdos o si vemos la línea de puntos como la celebración del mar rojo, un avance inminente, y pasamos por alto la letra pequeña.

He observado con fascinación cómo las rápidas rachas de entusiasmo en la firma de fusiones entre empresas, organizaciones políticas e incluso religiones han devenido en una sucesión de experiencias de dolor una vez que se activa el papel punteado y firmado. Antes de que se produzca el legendario apretón de manos que significa un acuerdo, hay que evaluar cuidadosamente las acciones.

Las decisiones que se tomen en este momento tendrán un impacto a largo plazo sobre el lugar que ocupará su empresa en breve. Reconozca que las personas que le han confiado la tarea de negociar confían en usted para que emita juicios en beneficio de la organización.

Las siguientes son algunas pautas generales para la negociación.

• Realice una investigación preliminar sobre la otra parte antes de la reunión. Realizar una comprobación de los antecedentes de las referencias comerciales de la otra parte y de los resultados de acuerdos anteriores.

Utiliza tu lista de criterios no negociables para elegir si avanzas o no en las conversaciones. Puede ser innecesario entrar en negociaciones si la parte contraria ya ha incumplido los criterios "no negociables".

Solicite la ayuda de un representante legal para investigar y examinar los contratos o acuerdos. - Prepare preguntas de antemano para obtener aclaraciones sobre los términos de los documentos recibidos previamente. La preparación requiere anticiparse y responder a las preguntas antes de comprometerse.

Requiere exponer sus mejores argumentos y ofrecer alternativas cuando sea necesario, por eso es importante. No hay nada malo en anticiparse a una situación de bloqueo e idear una estrategia para salir de ella.

• Asistir a reuniones clave con uno o varios testigos u otras personas que contribuyan a la conversación. Puede tratarse de su asistente o de un miembro superior de su personal. Es posible que necesite la ayuda de alguien que pueda darle indicaciones y sugerencias.

En ocasiones, al negociar a solas con un panel, perderá en base a las estadísticas, ya que puede haber cinco cerebros activos pensando por delante de usted.

• No se apresure a tomar una decisión: mire siempre fijamente a la parte negociadora y evite verse obligado a tomar una decisión inmediatamente. Nunca se debe hacer hincapié únicamente en completar el acuerdo sin que las partes acepten la propiedad de las decisiones que están tomando. Cuando hay prisa, hay que sospechar que hay algo oculto en el acuerdo. Date tiempo. No está obligado a firmar inmediatamente.

- Reconocer el aspecto del tiempo - Siempre hay un tiempo adecuado para negociar. No se puede negociar eficazmente si se tiene prisa o si ambas partes están agotadas. Dependiendo de lo acaloradas que se vuelvan las discusiones, es prudente pedir un "tiempo muerto" para recuperar la compostura.

- Evitar la negociación emocional: distanciarse del problema que se está discutiendo. Cuando te enfureces o te entusiasmas, pierdes la compostura y la capacidad de negociación.

- Céntrese en el tema que se está conversando o negociando y evite atacar al individuo- Existe la tendencia a abordar la personalidad del sujeto en lugar del tema que se está discutiendo o negociando. Aunque es necesario entender el tipo de persona con la que se negocia, el tema en cuestión tiene prioridad sobre las personalidades.

• Preste atención a los detalles: si le presentan documentos durante una reunión sin leerlos previamente, es importante que lea la letra pequeña o que asigne a un especialista de su equipo para que los examine mientras usted habla. Normalmente, la letra pequeña es la base de todos los desacuerdos en cualquier negociación.

• Prepárese para el compromiso: antes de iniciar una negociación, debe conocer el mejor y el peor de los escenarios y las ventajas y desventajas de cada uno. En cuanto a la negociación, debe comenzarla presentando su caso más fuerte.

Al negociar, es necesario hacer algunas concesiones, pero no en detrimento de su peor situación. He oído decir que "ambas partes deben sentir que ganan algo y pierden algo en una negociación."

• Nunca comuniques tu desesperación a la otra parte - Es importante realizar un análisis DAFO de ti mismo y de tu equipo de unión. Una vez que comprenda sus puntos fuertes, no permitirá que alguien que no conozca a fondo el tema en cuestión dirija la discusión. Evite exponer los defectos que pueda tener, ya que la parte contraria podría explotarlos, haciendo que su plan sea ineficaz.

CAPÍTULO 11

Los mejores consejos de negociación para los directivos.

En general, la negociación depende de la competencia, la habilidad, el método y los conocimientos del negociador. Los consejos de negociación varían según el negociador. A continuación se presentan algunos de los mejores consejos de negociación con ejemplos:

- Esté abierto a negociar en primer lugar:

Algunas personas tienen miedo de hablar de dinero. Otros creen que es descortés o insultante, y a menudo tienen razón. Sin embargo, cuando se trata de cerrar un trato - como todos debemos hacer - negarse a hablar de dinero puede salir muy caro.

Hay muchos negociadores expertos. Si vas a comprar una casa o un coche, o a cambiar de trabajo, puedes estar seguro de que entrarás en contacto con este tipo de personas. Si notan tu timidez en general, se aprovecharán de ella.

- Evite implicarse emocionalmente:

Un error importante que cometen muchos negociadores inexpertos es implicarse demasiado emocionalmente para ganar. Gritan, amenazan y exigen que se les concedan sus deseos. Todo esto es contraproducente.

La mayoría de las transacciones sólo son posibles si ambas partes creen que se beneficiarán de ellas. Si la persona que está al otro lado de la mesa se siente agredida o le cae mal, es poco probable que se eche atrás. Mucha gente desprecia a los matones y se alejará del comercio si hay uno involucrado.

Mantén un comportamiento tranquilo, tolerante y amistoso, incluso si la otra persona empieza a perder los nervios. Asegúrate de dejar tu orgullo y tu ego en la puerta. De este modo, es más probable que tenga éxito.

- Evita que te engañen con el truco de las "reglas":

Cuando alguien me ofrece un contrato para que lo firme, tacho todo lo que no esté de acuerdo. También estoy encantado de añadir elementos que creo que deberían estar incluidos. De vez en cuando, la parte contraria vuelve a decirme: "No está usted autorizado a hacer esas alteraciones en nuestros contratos". ¿Es eso cierto?

Dado que soy yo quien firma el documento, haré los cambios que desee. Ninguna legislación les obliga a ser la única parte autorizada a modificar un contrato.

Si no están contentos con mis ajustes, infórmenme y podemos llegar a un acuerdo; no me digan que carezco de autorización. Esto ejemplifica una estrategia frecuente empleada por los negociadores expertos, como los agentes inmobiliarios, los agentes de empleo y los concesionarios de vehículos. Son conscientes de que muchas personas son rígidas en cuanto al cumplimiento de las normas.

Por ello, fabricarán anuncios que suenen oficiales e insistirán en que "esta es la forma correcta de hacerlo" o "no está permitido hacer eso". Si alguien intenta asfixiarle añadiendo normas a la transacción, exija la confirmación de que esas normas existen.

- Nunca seas el primero en dar un nombre a una figura:

Esta es una lección costosa de aprender, pero necesaria. Hago muchos trabajos por encargo, y una de las primeras preguntas que siempre me hacen es: "¿Cuánto cobra por hora?". Se trata de una cuestión de alto riesgo, y a menudo me he encontrado con una respuesta inferior a la deseada.

Recientemente he aprendido lo importante que es conseguir que la otra persona diga primero una cifra. Ahora, reacciono a esa pregunta inquiriendo: "¿Cuál es el presupuesto del contrato?". A menudo, me sorprende saber que me ofrecen un valor mayor del que había previsto.

- Pide más de lo que esperas recibir: Una vez que la otra parte haya proporcionado su cantidad, incluso si es significativamente más alta de lo que usted esperaba, diga algo parecido a "creo que tendrá que hacer algo mejor que eso". Evita la arrogancia y la agresividad. Dígalo en voz baja.

Cuando le pregunten por sus expectativas, pida más de lo que prevé recibir. Pocas personas abandonarán una negociación una vez iniciada, y puedes dar a la otra parte la impresión de que está ganando si reduces gradualmente tus "expectativas poco realistas."

- Dar a entender que está dispuesto a marcharse puede hacer maravillas a la hora de conseguir una mejor oferta. Asume siempre el papel de cliente o vendedor indeciso.

CONCLUSIÓN.

Una buena capacidad de negociación puede impulsar su credibilidad, su comunicación y su negocio. Estos sencillos pasos comentados hasta ahora en este libro marcarán la diferencia.

Comience con un conocimiento claro de lo que quiere de la negociación. Indague por debajo de la superficie. Si está negociando un precio de venta más alto o una rebaja, podría quedarse atrapado en una partida; en lugar de eso, considere el panorama general.

La creatividad puede hacer que reciba unas vacaciones después de una conferencia, y que su cliente cubra el coste de su viaje al evento. Otra posibilidad es que adquiera una participación en una empresa como parte de su remuneración para obtener un posible rendimiento a largo plazo. Cuando tengas claros tus objetivos a corto y largo plazo, estarás en una posición fuerte para negociar.

Declare su propósito de entablar una discusión en la que todos salgan ganando desde el principio. Elimine cualquier posible posicionamiento hostil abordándolo directamente. Puede comentar: "Me gustaría abordar algunas áreas adicionales en las que me gustaría ver mejoras.

Mi objetivo es que lleguemos a un acuerdo indiscutiblemente justo para ambos. ¿Es eso aceptable?". Antes de continuar, ponte de acuerdo sobre el objetivo del debate y las normas básicas de transparencia e imparcialidad.

Pregunte por las necesidades subyacentes de la otra parte. Como es de suponer que has comprobado en la etapa anterior, puede haber muchos aspectos importantes que requieran consideración. Si estuviera negociando la adquisición de un inmueble, podría indagar sobre las intenciones financieras de los vendedores.

Si ya han comprado otra propiedad o desean un flujo financiero continuado de una inversión, su enfoque del acuerdo sería radicalmente diferente. Siga haciendo preguntas hasta que tenga una idea firme de lo que va a satisfacer sus necesidades. Ahora está preparado para pasar a la siguiente fase.

Sea adaptable para satisfacer las necesidades de ambas partes haciendo los mínimos sacrificios. Una vez completados los pasos anteriores, deberías tener una lista considerable de posibilidades, y ahora es el momento de ser creativo.

Prepárate para ampliar tu petición más allá del alcance de tu solicitud inicial. Haz concesiones graduales para que la conversación siga avanzando.

Nunca haga su oferta final antes de haber concedido muchos puntos menores. Suponga que hace una oferta final sin valorar adecuadamente lo que está dando. En ese caso, te arriesgas a llegar a un impasse prematuro. Es muy probable que, empleando esta estrategia, pueda obtener un acuerdo mucho más beneficioso de lo que preveía, al tiempo que satisface a la otra parte.

Siguiendo las cuatro claves expuestas, aumentará considerablemente sus posibilidades de éxito durante las negociaciones. Sin embargo, si alguna de las partes incurre en uno de los siguientes comportamientos, es poco probable que la negociación tenga éxito.

A veces, un hecho anterior se convierte en fuente de discordia. Tal vez se haya destruido un evento, o haya pasado una fecha límite. Durante una negociación reciente, la madre de la novia reiteró la declaración de su hija de que había llorado el día de su boda. Es crucial reconocer que NO SE PUEDE CAMBIAR EL PASADO.

El propósito de la negociación es llegar a un acuerdo sobre algo que existe en el presente y que seguirá existiendo en el futuro. Ambas partes deben estar de acuerdo en explorar sólo las posibilidades que están abiertas en ese momento. La fijación en el pasado puede ser una estrategia perdedora porque da prioridad a la emoción como moneda de cambio.

Negociar para ganar poder o infligir sufrimiento. En los divorcios y otras situaciones de gran carga emocional, suele haber pocas posibilidades de llegar a una solución en la que todos salgan ganando, ya que una o ambas partes están interesadas en causar sufrimiento a la otra. El dinero no es más que un medio para dispersar el dolor y, como resultado, nadie gana realmente. Si esto ocurre, vuelve al primer paso. Determina tus verdaderos deseos y anima a la otra parte a hacer lo mismo.

Dominar estos principios exige un alto nivel de introspección y una excelente capacidad de escucha y comunicación. Sin embargo, pueden ayudarle a convertirse en un negociador competente. Y no sólo eso, una negociación excelente puede ayudarle a ganarse la confianza de los demás.

Gracias por leer.

Habilidades directivas para directivos
1. Gestión del tiempo para directivos
2. Coaching de empleados para directivos
3. Creación de equipos para directivos
4. Confianza en sí mismo para directivos
5. Habilidades de negociación para directivos
6. Habilidades de atención al cliente para directivos
7. Próximamente

www.ingramcontent.com/pod-product-compliance
Lightning Source LLC
Chambersburg PA
CBHW070123230526
45472CB00004B/1397